AUX CITOYENS

Composant la Société populaire de la commune de Brive.

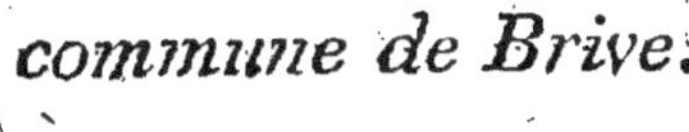

CITOYENS;

Du fond de mon cachot, à travers des préjugés qu'on a cherché à vous inspirer contre moi, je vais tâcher de mettre sous vos yeux les preuves de mon innocence.

Vous m'écouterez sans passion, et vous déposerez toute prévention; ou vous trahiriez la patrie : le véritable républicain doit être juste et vertueux : celui qui est sans vertu est ou un ambitieux caché, ou un homme corrompu, ou facile à corrompre, qui affecte des sentimens qu'il n'a pas, pour capter les suffrages et trahir.

J'étois républicain par principes avant même la révolution. Vous en trouverez la preuve dans la pétition que j'ai adressée à votre nouveau comité, et dont je joins ici copie.

Et remarquez, CITOYENS, qu'avant la révolution aucun, dans le département de la Corrèze, n'a parlé en faveur de la liberté si hautement que moi. Au moment où il falloit que chaque commune portât son vœu à l'as=

A

semblée bailliagère, j'adressai à chaque commune de la ci-devant sénéchaussée à laquelle je présidois, un écrit par lequel je provoquois le peuple à la liberté ; je demandois la liberté des élections, l'anéantissement des ci-devant parlemens, des privilèges de la ci-devant noblesse, ect. C'est un fait de notoriété publique.

Ceux qui réfléchiront, conviendront qu'il falloit aimer la liberté pour parler aussi librement dans un tems où l'on pouvoit craindre que les intrigues d'une cour corrompue fissent avorter les travaux de l'assemblée nationale, comme cela étoit arrivé jusqu'alors. Et si cela fût arrivé, quelle récompense aurois-je reçue du zèle que j'avois montré pour le bonheur du peuple ? J'aurois été anéanti par tant de corps puissans et d'individus intéressés, que j'avois attaqués. Je l'avois bien prévu ; mais je crus devoir, sans montrer trop d'imprudence, me sacrifier au bien public. Je n'ai jamais couru après la fortune : le sacrifice de ma vie me flatteroit si je périssois pour assurer le bonheur de ma patrie.... Pourquoi faut-il que je défende aujourd'hui ma tête pour sauver mon honneur !

Je vous le demande, Citoyens, se peut-il concevoir que celui qui avant la révolution invoquoit la liberté, ait changé subitement d'esprit et de cœur ; qu'il ait rétrogradé et voulu favoriser la tirannie dont il demandoit auparavant la destruction ? Non : cela ne se peut pas.

J'étois bien convaincu que l'insurrection contre la tirannie étoit le plus sacré des devoirs, parce que le peuple n'a pas d'autre moyen de rentrer dans ses droits ; mais je pensois que le peuple une fois resaisi de l'autorité, tout attroupement, dans le dessein de dévaster, étoit un crime. Je pensois que c'étoit à ceux à qui le peuple avoit confié ses pouvoirs à faire la loi, et que tout bon citoyen devoit provisoirement s'y soumettre, sauf, lorsque le peuple examineroit la loi dans les assemblées primaires, à la rejetter et à en demander une autre, si celle qui avoit été faite par l'assemblée nationale ne convenoit pas au peuple. En un mot, je pensois comme Brutus, dans la tragédie de ce nom, par Voltaire, sur l'amour que tout citoyen doit à sa patrie, et la soumission qu'il doit porter aux lois :

> Il le doit ; mais sur-tout il doit aimer les lois ;
> Il doit en être esclave, en porter tout le poids.
> Qui veut les violer n'aime point sa patrie.

Ces principes, gravés dans le fond de mon cœur, ont dirigé toute ma conduite dans les temps qu'on me reproche ; et ceux qui examineront avec attention ce que j'ai fait, n'y verront rien de plus. Ils pourront me reprocher trop de vivacité ; mais la vivacité à défendre le respect pour les lois, et empêcher l'anarchie, pourroit-il jamais être un crime ?

Après l'insurrection générale contre la tirannie, parurent, dans les divers départemens, des émissaires de deux ambitieux, d'Orléans et de Robespierre, qui, avec des vues différentes, se réunissoient pour tout désorganiser, et, à force de troubles, s'emparer du pouvoir souverain. Robespierre, homme délié, connoissoit l'ineptie de d'Orléans, et pensoit qu'un jour les manœuvres de ce traître pourroient faire tomber le pouvoir dans ses mains , sous le spécieux prétexte de sauver la république.

Tous les vrais amis de la patrie furent saisis d'épouvante à la vue de cette ligue impie. Vers ce temps il parut à Brive un *avis*, prétendu *patriotique*, qui conseilloit de tout désorganiser avec violence , et annonçoit la nécessité de la guerre civile ; suivirent des dévastations dans les campagnes : la voix publique annonça que des émissaires des factieux avoient fait de Brive le foyer des attroupemens : on convint même de cette voix publique dans un discours prononcé aux jacobins de Brive au mois de février 1790 (v. s.). Deux citoyens de Brive, se prétendant députés par leur commune , demandèrent à l'assemblée nationale une amnistie en faveur de ceux qui avoient été pris en attroupement , pillant et dévastant.......

Dans ces circonstances en falloit-il davantage pour croire que tout cela étoit provoqué par les factieux qui vouloient tout désorganiser ?

CITOYENS RÉPUBLICAINS , que l'amour de la patrie vous fasse revenir sur vos pas.... abjurez toute prévention : ne considérez ni parens , ni amis, ni voisins ; mais , comme Brutus, ne voyez que la patrie...... Alors examinez scrupuleusement toutes les démarches de vos premiers apôtres..... Dieu veuille que vous n'y trouviez pas des partisans des d'Orléans et des Robespierre !...... mais , s'il en est , souvenez-vous de ces paroles de Brutus :

Mais , quand nous connoîtrons le nom des parricides,
Prenez-garde , Romains , point de grâce aux perfides ;
Fussent-ils nos amis , nos frères , nos enfans ,

Ne voyez que leur crime et gardez vos sermens:
Rome, la liberté, demandent leur supplice ;
Et qui pardonne au crime en devient le complice.

Mais la commune d'Uzerche et moi nous fussions-nous trompés dans l'application, les circonstances ne devoient-elles pas nous séduire ? La demande d'une amnistie pour les pillards, dans un temps où les factieux vouloient introduire la guerre civile, ne paroissoit-elle pas le tocsin de cette guerre civile ? Et des amis de la patrie, esclaves de la loi, ne sont-ils pas excusables de s'être laissés égarer ?

À qui la commune d'Uzerche et moi demandions-nous qu'on fît le procès ? aux seuls moteurs et instigateurs des dévastations et des troubles. Nous ne faisions pas la guerre aux citoyens de Brive, que nous aimions comme nos frères, mais à ceux que nous pensions vouloir amener l'anarchie et la guerre civile, le pire de tous les maux pour de bons citoyens.

Il est donc évident que je ne suis point criminel, et que je n'ai jamais fait la guerre au peuple ; qu'au contraire mon amour ardent pour ma patrie, m'a porté à lui sacrifier ma tranquillité.

Au reste, le différent entre Brive et Uzerche avoit été terminé par un décret de l'assemblée nationale rendu sur la fin de 1790 (v. s.), qui avoit exhorté les citoyens des diverses communes et les diverses communes à vivre dans la paix et l'union qui assurent la tranquillité de la république. Tout étoit tranquille : il n'y avoit plus lieu à des différens.

(6)

Pourquoi donc au bout de trois ans , lorsque j'étois domicilié dans une commune où je jouissois de l'amitié de mes voisins et étois heureux dans les bras d'une femme adorable , votre ancien comité est-il venu me poursuivre comme *un scélérat qui a fait la guerre au peuple*, et a-t-il demandé que je lui fusse livré ? Il est bien évident qu'une haîne implacable l'a dirigé. Ce n'est point l'amour de la patrie , cet amour qui , comme dit Titus dans la tragédie de Brutus , par Voltaire , inspire l'union :

Quand la cause commune au combat nous appelle ,
Rome au coeur de ses fils éteint toute querelle ;
Vainqueurs de nos débats nous marchons réunis ,
Et nous ne connoissons que vous pour ennemis.

Oui , Citoyens, les véritables républicains doivent oublier toute querelle particulière pour ne songer qu'à la cause commune ; ils ne doivent connoître pour ennemis que les tirans coalisés et les traîtres de l'intérieur qui conspirent les uns d'une manière , les autres de l'autre , pour rétablir la tirannie sous quelque forme que ce soit. Ils doivent se défier de ces hommes ardens qui ne cherchent qu'à désunir , à désorganiser et à porter le trouble dans les familles , qui , sous de frivoles prétextes , veulent faire verser le sang des citoyens. C'est-là le véritable moyen de provoquer la guerre civile et de parvenir au but que des ambitieux se proposent.

Les bons citoyens doivent veiller sans cesse sur les projets des factieux : il ne faut pas croire que le glaive national ait fait justice de tous. D'autres ambitieux voudront prendre la place de d'Orléans et de Robespierre : mais l'union des bons citoyens pour la cause commune, fera triompher la république de tous ses ennemis.

Je ne retracerai point ici, CITOYENS, tout ce que votre ancien comité m'a fait éprouver ; il a violé les lois et outragé la nature en ma personne.....

J'espère, CITOYENS, que vous serez satisfaits de ma justification, que vous rendrez justice à mon patriotisme, et que vous vous empresserez de me procurer la liberté dont je n'aurois jamais dû être privé. Cet acte de justice prouvera à toute la terre le patriotisme des habitans de la commune de Brive : ils s'honoreront, en excusant les expressions qui ont pu les choquer, et en improuvant l'injustice et les cruautés dont leur ancien comité s'est rendu coupable envers moi.

CHINIAC, *homme libre, même dans les fers.*

Ce 3 Fructidor, l'an deuxième de la République, une et indivisible.

P. S. Je suis forcé d'écrire de mémoire. Si j'avois eu sous les yeux les différens écrits qui parurent en 1790, (v. s.), j'aurois donné plus de force à ma justification.

PÉTITION

DE

PIERRE CHINIAC,

Détenu dans un cachot de la maison de justice de Brive, département de la Corréze,

AU

COMITÉ RÉVOLUTIONNAIRE

DE LA COMMUNE DE BRIVE.

AUX CITOYENS

Composant le Comité révolutionnaire de Brive.

CITOYENS,

J'espère que vous voudrez bien m'écouter dans le calme des passions. Je vais vous parler le langage de la vérité, tel qu'il convient à un homme libre qui parle à de véritables républicains.

L'Etre suprême, qui gouverne tout selon ses

décrets impénétrables , vient de faire renouveller le comité ; ce qui me donne lieu de croire que je pourrai me faire entendre et convaincre de la pureté de mes intentions et de mes actions.

Mais , avant de discuter les inculpations qui me sont faites , je dois observer qu'on a violé la loi en me faisant traduire à Brive où je n'ai jamais demeuré. La loi du mois de pluviôse , autant que je puis me rappeler sa date , met les citoyens sous l'inspection des comités du lieu de leur domicile. Je suis domicilié à Agen , département de Lot et Garonne , depuis le 9 mars 1793 (v. s.) , et j'y suis marié. On acquiert domicile par six mois de résidence : par conséquent le comité d'Agen avoit seul autorité sur moi : on pouvoit me dénoncer à lui et lui envoyer tous les documens qu'on vouloit relativement aux prétendus délits dont on vouloit m'inculper ; mais on attentoit à la loi en demandant que je fusse livré au comité de Brive , qui , sous aucun rapport , n'avoit aucune autorité sur moi.

Et quels sont les citoyens qui composoient le comité qui demanda que je lui fusse livré? C'est partie de ceux qui dénoncèrent la municipalité d'Uzerche et moi à l'assemblée nationale en 1790 (v. s.), et qui s'énoncèrent dans la dénonciation en termes les plus passionnés. Ce sont évidemment des ennemis cruels qui , loin d'avoir les vertus républicaines , méconnoissent les lois et se servent de l'autorité que le peuple leur confie , pour satisfaire leurs haînes.

Ce comité écrivit au comité d'Agen que

depuis quelque temps il avoit fait d'inutiles recherches pour découvrir où se trouvoit un scélérat appelé Chiniac, qui avoit fait la guerre au peuple ; mais qu'il venoit d'apprendre que j'avois été élargi des prisons de Toulouse par l'effet de la surprise la plus manifeste envers le représentant du peuple, et prioit et requéroit le comité d'Agen de me faire arrêter de nouveau et conduire de brigade en brigade dans les prisons de Brive.

Ce comité en imposa manifestement en disant qu'il avoit fait des recherches inutiles pour découvrir le lieu de ma résidence. Depuis le mois de juillet 1792 (v. s.), que je suis allé à Bagnères de Luchon pour raison de santé, après avoir pris au greffe du tribunal d'Uzerche un certificat de médecin qui en constatoit la nécessité, j'ai été absent du département de la Corrèze ; mais j'ai constamment envoyé des certificats de résidence. Par conséquent ces prétendues recherches ne furent supposées par le comité que dans le dessein de me faire regarder comme un fuyard et tromper le comité d'Agen pour qu'il me livrât entre ses mains ; ce qui annonce une méchanceté insigne et une haîne atroce.

Je prouverai plus bas que, loin de faire la guerre au peuple, je l'ai plus aimé que ceux qui le flattoient pour le porter au désordre et s'attirer ses suffrages pour l'opprimer.

J'ignore encore aujourd'hui sur quelle dénonciation je fus arrêté au mois de novembre 1793 (v. s.), et conduit dans la maison commune de Toulouse ; mais je sais que le représentant du peuple Paganel dit, lorsqu'il me fit élargir , qu'il avoit inutilement fait ses efforts pour que celui qui m'avoit dénoncé vînt appuyer sa dénonciation.

Le comité d'Agen , séduit par le comité de Brive , écrivit au représentant du peuple Paganel pour quil me fît arrêter de nouveau ; ce qui fut fait, et je fus traduit à Agen.

J'étois malade : je fus mis en arrestation chez moi. Je présentai au comité d'Agen diverses pétitions pour établir que je ne devois point être transféré à Brive. Cependant, à force d'intrigues , le comité de Brive est parvenu à obtenir que je lui fusse livré.

Le 2 du présent mois , un gendarme vint m'annoncer qu'il y avoit un mandat d'arrêt pour me conduire de brigade en brigade à Brive, et de me tenir prêt pour le lendemain à six heures du matin. Quelques momens après , deux membres du comité d'Agen vinrent faire une perquisition exacte dans mes effets , et constatèrent , par un procès-verbal , qu'ils n'avoient rien trouvé de suspect. Lors de ma première arrestation , il fut fait une pareille recherche et un pareil procès-verbal.

Le 3, je me mis en route. Quand je fus à Montignac, il se trouva que les gendarmes qui me conduisoient n'avoient pas le mandat d'arrêt , soit qu'ils l'eussent égaré , soit qu'il ne leur eût pas été remis par les gendarmes de Bergerac. Le citoyen Bosredon , lieutenant de la gendarmerie , me demanda où je voulois être transféré. Je lui dis que le mandat d'arrêt portoit que je serois transféré à Brive ; et, sur ma parole , il me donna un gendarme qui me conduisit à Brive dans la maison de justice, le 9 de ce mois.

Arrivés à Brive dans la maison de justice, le gendarme de Montignac fut rendre compte au comité, qui le blâma de ne m'avoir pas conduit directement vers lui, et lui donna ordre de venir me prendre. Le gendarme vint me chercher. Quand nous fûmes au comité, le gendarme, pour rendre compte de sa conduite, commença par ces mots : *ce citoyen* ; à quoi le citoyen Desprès dit : *dis donc ce jean-f., car ce n'est pas un citoyen.* Le gendarme dit alors, *cet homme.* Quand le gendarme eut fini, le citoyen Desprès dit que j'avois été arrêté comme un vagabond : lui et plusieurs autres membres du comité me prodiguèrent les injures les plus atroces, et me dirent qu'ils m'enverroient à Paris bien enchaîné et pour y être guillotiné. Ensuite le comité défila et dit au gendarme de me conduire. On me fit faire le tour par la place publique, en criant : *voilà Chiniac d'Uzerche.* Chemin faisant j'entendis quelques personnes dire derrière moi : *si l'on veut, je me charge de l'expédier et de lui servir de bourreau.* Plusieurs m'accabloient d'injures atroces que j'écoutai dans le plus profond silence, avec le calme qui convient à l'homme vertueux : mais je remarquai, par la contenance, que plusieurs citoyens se mêlèrent dans l'escorte, non dans le dessein de se réjouir de ce qui se passoit, mais dans la vue d'être témoins des barbaries qu'on se proposoit d'exercer envers moi.

Arrivés dans la maison de justice, on me fouilla : on me fit même deshabiller pour me fouiller jusqu'à la peau et à la plante des pieds :

on me prit tout mon argent , ma montre, quatre livres de chocolat et généralement tout ce que j'avois , excepté mon linge. On me dit que je n'étois pas fait pour manger du chocolat et que le pain des prisonniers étoit tout ce qu'il me falloit. Desprès me prit cinq ou six cahiers de papier d'Hollande , disant qu'il serviroit à faire les expéditions nécessaires pour m'envoyer à la guillotine , ect. Quelqu'un me jetta une rave à la tête : on arracha la cocarde qui étoit à mon chapeau avec une telle fureur qu'on le déchira : on assaisonna tous ces mauvais traitemens des injures les plus sanglantes. J'écoutai tout avec le plus grand sens froid, calme comme ma conscience, et ne répliquai pas une seule parole. Desprès dit : *voyez-le , il ne dit rien ; mais il invoque le ciel de faire tomber la foudre sur nous.* Il me jugeoit d'après son cœur. Cela fait , on me fit passer dans le cachot des plus grands criminels. On vouloit me mettre d'abord à la barre où l'on met les scélérats violens qui veulent forcer les prisons ; mais sur ce que le geolier dit qu'elle n'étoit pas en état , on se contenta de me faire mettre aux pieds les fers les plus lourds et les plus meurtriers : on eut même soin de les faire débourreller , afin qu'ils me blessassent davantage. Durieux , membre du comité , voulut avoir la gloire de donner le premier coup de marteau pour me river les fers.

Quand on m'eut mis dans cet état , on me railla et invectiva de nouveau. On fit venir dans mon cachot divers particuliers pour contempler mes fers et me rire au nez , tant dans l'après midi , que le lendemain.

C'est ainsi, Citoyens, que l'ancien comité a violé les lois et outragé la nature en ma personne. Nulle loi ne l'autorisoit, 1.º à me prendre mon argent et mon chocolat pour me réduire au pain des prisonniers ; 2.º à me faire mettre aux fers et sur la paille avec des malheureux couverts de misère. L'habitude est une seconde nature, et l'on sent combien je dois souffrir. Les barbares s'attendoient sans doute que cette cruelle position me feroit périr, d'autant plus qu'ils n'ignoroient pas que je suis parti d'Agen étant malade : mais l'Etre suprême, qui veille à tout, me soutient. Je puis dire, avec vérité, que je n'ai jamais été plus gai et que je me porte mieux que je ne faisois lorsque je suis arrivé. Fort de ma conscience, je ne crains rien : je reporte tout à l'auteur incompréhensible de la nature et lui demande que sa volonté sur moi s'accomplisse. Si les intrigues des méchans pouvoient prévaloir, je mourrois avec autant de courage que Socrate : je conserverois le même sens froid que j'ai montré jusqu'à présent, et prierois l'auteur de la nature de conserver ma patrie. Mais ceux qui me jugeront ne seront pas guidés par les passions de mes oppresseurs : ma voix, celle de l'innocence se fera entendre : le glaive national ne frappe que les traîtres et les ennemis du peuple : j'obtiendrai justice.

Le 15, le comité me fit ôter les fers qu'on eut bien de la peine à dériver, tant on les avoit rivés avec affectation : il me manda et me fit subir un interrogatoire. On sent de reste que les tirans qui m'avoient traité comme on l'a vu, ne me laissèrent pas la liberté de répondre à mon gré. Pour éviter de nouveaux traitemens, peut-être encore plus affreux, après avoir modérément chicané sur mes réponses, je les réduisis à ce qu'on voulut consentir d'écrire; mais je proteste contre cet interrogatoire, et si vous ne trouvez pas, Citoyens, la présente pétition suffisante pour vous éclairer, vous voudrez bien m'interroger de nouveau et m'accorder pleine et entière liberté dans mes réponses.

Le citoyen Desprès qui fit les interrogats, me demanda : *qu'avois-je entendu par les enragés de Brive.* J'avois grande envie de lui répondre : c'est toi, et les autres émissaires de Robespierre, qui a voulu introduire la guerre civile pour se faire regarder comme un homme nécessaire et s'emparer de l'autorité suprême ; mais qui tôt ou tard recevra la récompense de ses forfaits. Cependant je me retins pour ne pas animer la fureur de ce tigre altéré de mon sang, aussi bien que ses complices, et je me bornai à répondre que c'étoit ceux qui soulevoient le peuple pour le porter à dévaster les campagnes et introduire l'anarchie.

Après le prétendu interrogatoire, le comité délibéra, et Desprès me dit d'un ton barbare : *on vient d'arrêter qu'on ne te remettroit pas les fers ; mais prends garde de ne pas remuer.* Je ne répondis mot et fus reconduit dans mon cachot. Je fus bien aise de n'être pas remis aux fers, parce qu'ils me faisoient cruellement souffrir ; mais je n'ai pas cru être humilié de les avoir, parce qu'il n'y a que le crime qui dégrade l'homme.

Ce seroit ici le lieu de me justifier des inculpations qui me sont faites ; mais je crois devoir auparavant faire ma profession de foi.

J'atteste l'Être suprême qui connoît le fond de mon cœur et qui me jugera un jour, que je dirai la vérité. Je suis d'une trempe à ne pas trahir mes sentimens, même par la crainte de la mort, parce que la mort n'est rien pour celui qui meurt avec le témoignage d'une bonne conscience et qui a du caractère.

J'ai publié un petit écrit qui a pour titre : *Pensées philosophiques d'un bon républicain.* L'ancien comité m'en a pris deux exemplaires que j'avois dans mes poches.

Les principes qui y sont contenus sont certainement ceux de tout bon républicain, à l'exception de mon opinion sur la représentation nationale : mes idées, à cet égard, peuvent être rejettées ou admises, sans attenter aux vrais principes républicains.

Le citoyen Desprès me demanda, d'un ton ironique et sauvage, si je croyois être républicain, parce que j'avois compilé des maximes républicaines : je ris de son délire et ne lui répliquai rien.

Ce qu'il y a de vrai, c'est que depuis le moment que j'ai appris à penser et que j'ai acquis des connoissances sur le droit naturel par une assidue application à l'étude, j'ai pensé que le gouvernement purement républicain étoit le seul gouvernement naturel et le seul qui convînt à un peuple vertueux.

Je pensois ainsi long-temps avant la révolution, et, quoique je n'aie pas manifesté mes maximes républicaines avant le vœu du peuple, tous les ouvrages que j'ai publiés depuis 1765, portent le cachet de mes principes intérieurs, et célébrent la liberté. Quiconque voudra les lire sans préjugé, se convaincra de la vérité du fait.

Guidé par ces principes, lorsque je fis la convocation de la ci-devant sénéchaussée d'Uzerche pour les assemblées primaires qui devoient faire leurs cahiers pour transmettre leurs vœux aux états-généraux en 1789, je fis un projet de doléances que j'envoyai à chaque commune, dans lequel je m'exprimai au moins aussi librement que les circonstances le permettoient, et fis tous mes efforts pour faire sentir au peuple, lors asservi, le prix de la liberté. Cet écrit que l'amour du bien public m'avoit dicté, me fit dans le temps beaucoup d'ennemis : il excita contre moi la ci-devant noblesse, la ci-devant magistrature et beaucoup d'autres : on me reprocha de vouloir tout détruire. La ci-devant noblesse me dénonça à l'assemblée baillagère du ci-devant Bas-Limousin.

Ceux qui ne connoissent pas l'esprit du bien public, me reprochent aujourd'hui la déclaration que je fis de mon mouvement à l'assemblée du ci-devant tiers-état ; mais ceux qui refléchissent et ont le cœur droit, conviennent, 1.º que je ne portai aucune atteinte à la vérité des principes ; 2.º que je sacrifiai au bien public mon amour-propre, afin d'éviter une scission qui auroit pu avoir des suites dangereuses et arrêter les opérations de l'assemblée baillagère.

Intimement convaincu que c'est au peuple, seul souverain, à se donner le gouvernement qu'il croit lui être le plus avantageux, j'ai attendu que la nation eût manifesté sa volonté pour publier mes principes républicains. J'aurois vu, avec la plus vive satisfaction, que l'assemblée constituante les eût consacrés, au lieu de nous donner une constitution vicieuse à tous égards ; mais la nation ayant paru adopter cette constitution, je me soumis à la volonté générale, jusqu'à ce que le peuple jugeât à propos de la réformer. Dès que le peuple a eu manifesté sa volonté de vivre sous le gouvernement qui approche le plus de la nature, je me suis empressé de développer mes idées, et j'ai fait avec transport le serment de vivre libre et vertueux, ou de mourir.

Voilà , Citoyens, ma profession de foi. Venons maintenant aux inculpations qui me ont faites.

1.º On me reproche d'avoir voulu perdre la commune de Brive.

C'est bien là ce que les secrétaires du traître Robespierre ont eu la perfidie d'insinuer pour soulever contre moi le peuple de la commune de Brive ; mais ce dessein étoit bien loin de mon cœur. Je n'ai voulu que démasquer ceux qui trompoient le peuple pour introduire l'anarchie et donner le pouvoir suprême à ceux qui les mettoient en mouvement.

Ces anarchistes publièrent à Brive, sur la fin de 1789 , un *avis* , prétendu *patriotique*, où ils dirent qu'il falloit tout désorganiser d'une manière violente , et annoncèrent que la révolution ne pouvoit pas se passer sans guerre civile. Peu après vinrent des dévastations dans différentes communes des environs de la ville de

Brive, où la voix publique disoit qu'on voyoit
à la tête des attroupés des individus de Brive.
Au mois de février 1790, parut un discours
prononcé dans une assemblée de Brive, tenue
aux ci-devant jacobins, où l'on se plaignoit de
ce que la voix publique publioit que le foyer
des insurrections étoit à Brive. Vers le même
temps, de prétendus députés de la commune de
Brive demandoient à l'assemblée nationale une
amnistie en faveur de ceux qui avoient été
pris en attroupement, pillant et dévastant, et
publièrent dans les annales patriotiques de
Mercier une lettre très-audacieuse, qu'ils re-
tractèrent en partie dans la suite.

Toutes ces circonstances réunies indignèrent
la commune d'Uzerche, dont j'étois alors
maire : on crut voir les habitans des campagnes bientôt séduits de toutes parts, s'attroupant et pillant et dévastant tout par l'assurance
de l'impunité. Ces motifs dictèrent la délibération de la commune d'Uzerche du mois de
mars 1790, où les termes, je l'avoue, auroient
pu être mieux mesurés ; mais quand l'indigna-
tion s'exprime, elle le fait vivement : en fait
de bien public, on ne doit pas tant considérer
les mots que les motifs qui ont fait agir et
parler. Ces mêmes motifs portèrent la commune d'Uzerche à envoyer sa délibération aux
autres communes, comme s'agissant d'une
chose qui intéressoit le bien public.

J'avoue que ce fut de perdre la commune
de Brive, que je pensai du moment où je vins
à la municipalité de Brive faire enregistrer le
brevet qui m'étoit pour la formation
du département de la Corrèze, pour y faire un

petit discours tendant à rétablir l'harmonie entre la commune de Brive et celle d'Uzerche. Ce discours fut d'abord applaudi : on demanda qu'il fût transcrit sur le registre , et le conseil-général l'ordonna. Mais quelques jours après les anarchistes s'agitèrent si violemment, qu'ils séduisirent le peuple et le portèrent à le faire biffer. Desprès m'a dit , lors de mon prétendu interrogatoire , que c'étoit lui qui l'avoit fait faire.

Les anarchistes firent évidemment commettre au peuple un attentat contre la loi , parce que, quand même l'on supposeroit, contre l'évidence du fait , que le conseil-général avoit prévariqué en faisant transcrire mon discours sur le registre , le peuple ne pouvoit que se plaindre aux autorités constituées ; mais les anarchistes ne connoissent point de loi : ils veulent perpétuellement le désordre et cherchent toujours à agiter le peuple et à désorganiser jusqu'à ce qu'ils soient parvenus à leurs desseins perfides.

Tous ces démêlés donnèrent lieu à plusieurs écrits de part et d'autre , qui prouvent à ceux qui les lisent sans prévention, que la commune d'Uzerche et moi étions les vrais amis du peuple , puisque nous voulions qu'il respectât la loi , qu'il ne se rendît pas coupable en s'attroupant, en pillant et dévastant, et qu'il ne s'exposât pas à périr soit par la force armée , soit sous le glaive de la loi.

Il est vrai que nous demandions qu'on fît le procès aux moteurs et instigateurs d'attroupemens et dévastations ; mais n'est-ce pas l'unique moyen de les prévenir et de les arrêter ?

Enfin en 1790 l'assemblée nationale attribua à la municipalité de Bordeaux le jugement des prévenus d'attroupemens dans le département de la Corrèze et exhorta les citoyens et les municipalités à vivre dans la paix et l'union qui assuroient la prospérité de l'état. Dès lors tout fut calme et tranquille dans le département de la Corrèze, aux murmures près des anarchistes qui agitoient la commune de Brive.

J'étois absent du département de la Corrèze depuis dix-huit mois, lorsque le comité de Brive a demandé que je lui fusse livré : je vivois heureux entre les bras d'une femme adorable : personne dans la commune d'Agen ne se plaindra que j'y aie troublé la tranquillité publique et que je n'aie pas été parfaitement soumis à la loi. N'est-il donc pas évident que la haîne la plus implacable a déterminé ceux qui lors composoient le comité de Brive à troubler mon bonheur et à ressusciter une affaire terminée depuis long-temps ? La conduite que ce comité a tenue envers moi est digne de cannibales et non de républicains : il n'y a pas d'ame tant soit peu sensible qui n'en soit révoltée.

Aussi ce comité n'étoit-il pas composé de véritables républicains. On assure que le citoyen Reyjal-Latour a reçu une tabatière d'or du traître Robespierre. Le fougueux Desprès est violemment soupçonné d'être un des secrétaires du même Robespierre, et le vœu du peuple l'a fait mettre en arrestation : on assure que le domestique de ce Desprès brûloit des papiers au moment de son arrestation. Quelque précaution que prennent les factieux, on trouvera des preuves de leurs manœuvres criminelles, et le peuple connoîtra où est la perfidie, et si j'étois son ami ou ceux qui le portoient à violer les lois.

Le peuple de Brive qui a toujours passé pour être plein d'urbanité et de franchise, doit maintenant apprécier ceux qui, en son nom, ont outragé la nature en ma personne : c'est-là véritablement de ces actions qui déshonoreroient une commune qui ne les désaprouveroit pas.

2.º On m'a fait un crime d'avoir correspondu avec l'auteur du journal de la société des amis de la constitution monarchique.

Je n'ai jamais connu l'auteur de ce journal, ni aucun des membres de la prétendue société. J'ai correspondu avec ce journaliste comme j'aurois fait avec tout autre. Le comité a la correspondance, et n'y trouve certainement rien que de relatif au maintien des lois et du bon ordre. C'est ce qui me séduisit.

J'avoue que j'ai appris depuis que divers membres de cette prétendue société avoient des desseins perfides ; mais je n'ai jamais eu aucune relation avec eux, et je les ai détestés dès que j'ai su qu'ils vouloient opprimer le peuple en feignant de prendre ses intérêts.

3.º On m'a fait enfin un crime d'une lettre qui m'a été écrite par la mère Laqueuille, de Saint-Sébastien, en 1791.

La mère Laqueuille est une femme plus que septuagénaire, que j'avois toujours connue pour une femme respectable. Je trouvois d'autant plus loyal de lui rendre service que j'avois lieu d'être très-mécontent de son fils, le ci-devant vicomte, qui m'avoit outragé et avoit été un des moteurs de la dénonciation qui avoit été faite contre moi à l'assemblée baillagère à Tulle. C'est un fait de notoriété publique. J'ai eu toujours pour principe de me venger de mes ennemis en leur faisant du bien lorsque l'occasion s'en présente ; je pourrois en fournir la preuve , et je ne m'en écarterai jamais. Toute offense qui m'est personnelle n'est rien lorsque le danger est passé.

En 1790 la mère Laqueuille fut menacée en sa demeure à Saint-Just. Elle étoit déterminée à quitter sa patrie, tant elle étoit bouleversée ; mais elle me fit consulter, et, par mon avis, elle se retira dans une communauté à Tulle. Au bout de quelques mois les habitans de sa commune la firent solliciter de revenir chez elle , lui promettant qu'elle seroit tranquille ; elle y consentit. Mais d'autres mouvemens lui bouleversèrent la tête , et elle se retira subitement à Bayonne. Ayant appris où elle étoit, je lui écrivis pour la déterminer à revenir dans son département, lui proposant de se retirer à Uzerche où elle seroit parfaitement tranquille. Elle étoit sans doute pour lors en Espagne , puisqu'elle me répondit de Saint-Sebastien. Elle ne me dit rien sur la proposition que je lui avois faite : elle avoit quitté sa patrie. Dès lors je cessai de prendre le moindre intérêt à elle.

Cette lettre me rend-elle criminel ? Il est évident que non. Je lui avois écrit à Bayonne et non à Saint-Sebastien. D'ailleurs, nous n'étions point pour lors en guerre avec l'Espagne et il n'étoit pas défendu à cette époque de correspondre avec ceux qui étoient hors du territoire français , à moins que ce ne fût avec ceux qui

(24)

étoient assez barbares pour porter les armes contre leur patrie.

C'est ainsi que disparoissent les crimes imaginaires que m'impute l'ancien comité : il ne reste plus que les fureurs et les attentats auxquels il s'est livré envers moi.

J'espère, CITOYENS, que vous demeurerez convaincus de mon innocence et que vous vous hâterez de réparer les torts de l'ancien comité, en me procurant la liberté dont je n'aurois jamais dû être privé.

Je demande provisoirement, 1.º que vous me fassiez rendre tous les effets que l'ancien comité m'a enlevés ; 2.º que vous autorisiez le géolier à me faire coucher dans un lit, au lieu de ruiner ma santé dans le cachot où je suis détenu ; 3.º que vous me fassiez rendre toutes les lettres que ma femme m'écrit.

Fait dans mon cachot, le 26 thermidor, l'an second de la république, une et indivisible.

CHINIAC, *homme libre, même dans les fers.*

P. S. J'aurois encore pu, CITOYENS, dire bien des choses ; mais cette pétition n'est déjà que trop longue.

Ceux qui prétendroient que je m'exprime trop vivement, voudront bien se mettre un instant à ma place ; c'est le seul moyen de bien juger : ils diront de bonne foi comment ils peindroient tant d'injustices et d'opprobres, s'ils les avoient éprouvés.

A AGEN,
DE l'Imprimerie rue Garonne, N.os 2 et 3.